99 hadiths du Prophète Muhammad

Khâlid Abû Sâlih

بسم الله الرحمن الرحيم

Au nom d'Allah, l'infiniment Miséricordieux, le Très Miséricordieux

Avant-propos

La louange est à Allah et que le salut et la bénédiction soient sur son serviteur, l'élu et le Prophète choisi qu'Il a choisi…

Ceci est un recueil de paroles du Prophète . Elles traitent de plusieurs sujets du quotidien. Ces paroles choisies démontrent l'universalité de l'islam qui convient en toute période, en tout lieu et pour toute personne. C'est la seule religion qui assouvit les besoins vitaux humains, qu'ils soient psychologiques, psychiques, matériels ou spirituels. Amis lecteurs, vous serez sans doute étonnés de savoir, que les hadiths que nous allons citer, ne sont qu'une quantité infime à l'égard de tous les hadiths rapportés du Prophète ﷺ. Les rapporteurs de confiance ont, en effet, rassemblé des dizaines de milliers de hadiths authentiques qui ont pour sujet la croyance, les adorations, les relations sociales, le comportement, la politique, les pactes, les accords de paix, la guerre, le commandement, l'administration, la médecine, le monde invisible, etc.

Le Prophète ﷺ n'est mort qu'après nous avoir informés des choses qui se sont déroulées et des choses qui se dérouleront jusqu'au jour de la résurrection. C'est pour cette raison que nous aimons ce Prophète ﷺ, le suivons, l'honorons et croyons en sa sincérité. Nous n'accepterons jamais qu'on touche à sa personne, mais malgré cela, nous ne l'adorons pas et nous ne l'élevons pas à un degré autre que celui de la prophétie. Effectivement, le Prophète nous l'a interdit et nous a mis en garde contre ce comportement. Voici donc quelques hadiths du Prophète ﷺ :

La foi

1) Le Messager d'Allah ﷺ a dit : « La foi est de croire en Allah, ses anges, ses livres, ses messagers, au jour dernier et au destin qu'il soit en ta faveur ou non. » Rapporté par Mouslim.

2) Le Messager d'Allah ﷺ a dit : « La foi se décompose en soixante-dix branches et quelques. La meilleure branche est de dire « il n'y a pas de divinité digne d'être adorée si ce n'est Allah » et la dernière branche est de ramasser tout ce qui peut faire obstacle sur un chemin ; et la pudeur est une des branches de la foi. » Rapporté par Boukhâry et Mouslim.

3) Le Messager d'Allah ﷺ a dit : « Quiconque dit : j'accepte Allah comme Seigneur, l'Islam comme religion et Muhammad comme prophète, le paradis lui sera obligatoirement attribué. » Rapporté par Aboû Dawoûd et authentifié par Albâny.

L'Islam

4) Le Messager d'Allah ﷺ a dit : « L'islam consiste à témoigner qu'il n'y a pas de divinité digne d'être adorée si ce n'est Allah et que Muhammad est le Messager d'Allah, d'accomplir la prière, de verser l'aumône, de jeûner ramadan

et d'effectuer le pèlerinage à la maison sacrée si on en a la possibilité. » Rapporté par Mouslim.

5) Le Messager d'Allah ﷺ a dit : « Le musulman est celui qui ne porte pas atteinte aux musulmans avec sa langue et sa main. Le croyant est celui auquel les gens font confiance à l'égard de leurs personnes et leurs biens. » Rapporté par Boukhâry et Mouslim.

Le destin

6) Le Messager d'Allah ﷺ a dit : « Œuvrez ! Car on facilitera à chacun la voie pour laquelle il a été créé. » Rapporté par Tirmidhy et authentifié par Albâny.

7) Le Messager d'Allah ﷺ a dit : « La recherche de la subsistance alors qu'elle est lui déjà prédestinée occupe plus la personne que la recherche d'une bonne vie (en appliquant les bonnes œuvres). » Rapporté par Tabarâny et authentifié par Albâny.

8) Le Messager d'Allah ﷺ a dit : « Autant il est impossible de cueillir du raisin d'une plante épineuse, autant les pervers n'accéderont pas aux demeures des vertueux dans l'au-delà. Empruntez le chemin que vous désirez, mais (sachez que) n'importe quel chemin emprunté vous mènera chez ceux que vous avez suivis ». Rapporté par ibn 'Assâkir et authentifié par Albâny.

9) Le Messager d'Allah ﷺ a dit : « Peu s'en faut que les gens s'interrogent entre eux jusqu'à ce que l'un d'eux s'écrie : Allah a créé les créatures, mais qui a créé Allah ? S'ils disent cela, dites donc : Allah est unique, il est le seul à être imploré pour ce que nous désirons, il n'a jamais engendré, ni n'a été engendré et nul ne lui est égal. Puis, qu'il crachouille trois fois à sa gauche et qu'il demande protection contre le diable. » Rapporté par Aboû Dawoûd et authentifié par Albâny.

La prophétie

10) Le Messager d'Allah ﷺ a dit : « Les prophètes sont frères d'un même père, leurs mères sont différentes, mais leur religion est une. » Rapporté par Boukhâry.

11) Le Messager d'Allah ﷺ a dit : « Nous les prophètes, nos yeux s'endorment, mais pas nos cœurs. » Rapporté par Ibn Saad et authentifié par Albâny.

La science

12) Le Messager d'Allah ﷺ a dit : « Allah ne m'a point envoyé aux gens pour leur rendre la vie difficile ou pour souhaiter leur perte ; Allah m'a plutôt envoyé en tant

qu'enseignant et pour rendre la vie facile aux gens. » Rapporté par Mouslim.

13) Le Messager d'Allah ﷺ a dit : « Celui qui emprunte un chemin menant à l'apprentissage d'une science, Allah lui facilite l'accès au paradis. » Rapporté par Ibn Mâjah et authentifié par Albâny.

14) Le Messager d'Allah ﷺ a dit : « Enseignez, facilitez et ne compliquez pas les choses ! Annoncez la bonne nouvelle et ne faites pas fuir les gens et si l'un d'entre vous se met en colère qu'il se taise. » Rapporté par Al-Hâkim et authentifié par Albâny.

15) Le Messager d'Allah ﷺ a dit : « La supériorité entre le savant et le dévot, est come celle de la pleine lune sur le reste des astres. » Rapporté par Aboû Dawoûd et authentifié par Albâny.

La pratique

16) Le Messager d'Allah ﷺ a dit : « Le savant qui enseigne le bien aux gens et ne le met pas en pratique, est semblable à la torche qui éclaire en se brûlant. » Rapporté par Tabarâny et authentifié par Albâny.

17) Le Messager d'Allah ﷺ a dit : « Allah aime, lorsqu'une personne effectue une chose, qu'elle le fasse avec soin. » Rapporté par 'Alâ' et considéré comme bon par Albâny.

La nature humaine

18) Le Messager d'Allah ﷺ a dit : « Il y a des gens qui ouvrent les portes du bien et ferment l'accès au mal, et il y en a qui ouvrent les portes du mal et ferment l'accès au bien. Bonheur à celui à qui Allah donna les clefs des portes du bien et malheur à celui à qui il donna les clefs des portes du mal. » Rapporté par Ibn Mâjah et considéré comme bon par Albâny.

19) Le Messager d'Allah ﷺ a dit : « Souhaitez-vous savoir qui d'entre vous est le meilleur et qui est le pire ? Le meilleur d'entre vous est celui en qui nous espérons le bien et de qui nous ne redoutons pas le mal et le pire d'entre vous est celui en qui nous n'espérons pas le bien et de qui nous redoutons le mal. » Rapporté par Tirmidhy et authentifié par Albâny.

L'équité et l'égalité

20) Le Messager d'Allah ﷺ a dit : « Allah ne regarde pas votre aspect, mais il regarde ce que renferme votre cœur et ce que vous accomplissez. » Rapporté par Mouslim.

21) Le Messager d'Allah ﷺ a dit : « Celui dont les œuvres ne sont pas complètes ne pourra pas faire appel à la noblesse de sa famille pour les compléter. » Rapporté par Mouslim.

22) Le Messager d'Allah ﷺ a dit : « Ô vous les gens ! Votre Seigneur est unique et votre père est unique ; vous descendez tous d'Adam et Adam provient de la terre. Assurément, le plus noble d'entre vous auprès d'Allah est le plus pieux, et l'arabe n'a pas plus de mérite que le non-arabe sauf s'il se distingue par la piété. » Authentifié par Albâny dans *At-targhîb wa At-tarhîb*.

23) Le Messager d'Allah ﷺ a dit : « Ceux d'antan ont péri, car ils renonçaient à punir le noble lorsqu'il volait, tandis qu'ils s'empressaient de sanctionner le misérable, s'il volait. Je jure par celui qui détient l'âme de Muhammad entre ses mains, si Fatima, fille de Muhammad, s'avérait être une voleuse, je lui couperais moi-même sa main ! » Rapporté par Boukhâry et Mouslim.

Le respect des pactes et des accords

24) Le Messager d'Allah ﷺ a dit : « Celui qui tue une personne qui a conclu un pacte avec les musulmans (*Mou'âhad*) ne sentira pas l'odeur du paradis, alors que son odeur est sentie d'une distance équivalente à quarante années. » Rapporté par Boukhâry.

25) Le Messager d'Allah ﷺ a dit : « Nul n'aura vraiment la foi s'il n'est pas digne de confiance, et nul n'aura vraiment la religion s'il ne respecte pas les pactes. » Rapporté par Bayhaqy et authentifié par Boukhâry.

26) Le Messager d'Allah ﷺ a dit : « Les signes révélateurs de l'hypocrite sont au nombre de trois : il ment lorsqu'il parle, ne respecte pas sa promesse lorsqu'il la donne et trahit lorsqu'on lui fait confiance. Ceci, même s'il accomplit la prière, verse l'aumône et prétend être musulman. » Rapporté par Mouslim.

27) Le Messager d'Allah ﷺ a dit : « Que n'importe quelle personne qui promet la protection à une autre personne puis la tue, sache que je la désavoue, même si la victime est mécréant. » Rapporté par Ibn Mâjah et Ibn Hibbân et authentifié par Albâny.

28) Le Messager d'Allah ﷺ a dit : « Je plaiderai moi-même le jour de la résurrection contre celui qui opprime une personne qui a conclue un pacte (avec les musulmans), le dénigre, le contraint à faire ce qui est au-delà de ses capacités ou lui prend une chose sans son accord. » Rapporté par Abou Dawoud et authentifié par Albany.

Les relations amicales et de voisinage

29) Le Messager d'Allah ﷺ a dit : « Il n'est pas deux hommes qui s'aiment en vue d'Allah, sans qu'Allah ﷻ n'aime plus celui dont l'amour envers son compagnon est plus intense. » Rapporté par At-Tabarâny et authentifié par Albâny.

30) Le Messager d'Allah ﷺ a dit : « Les meilleurs amis auprès d'Allah sont ceux qui se comportent le mieux avec

leurs amis, et les meilleurs voisins auprès d'Allah sont ceux qui se comportent le mieux avec leurs voisins. » Rapporté par Tirmidhy et authentifié par Albâny.

31) Le Messager d'Allah ﷺ a dit : « N'aura pas vraiment la foi celui qui s'endort le ventre rassasié alors que près de chez lui son voisin est affamé. » Rapporté par Hâkim et authentifié par Albâny.

32) Le Messager d'Allah ﷺ a dit : « Nul d'entre vous ne sera véritablement croyant tant qu'il ne désire pas pour son frère ce qu'il désire pour lui-même. » Rapporté par Boukhâry et Mouslim.

33) Le Messager d'Allah ﷺ a dit : « La personne sera (au paradis ou en Enfer) avec ceux qu'elle aime. » Rapporté par Boukhâry et Mouslim.

Les actes interdits

34) Le Messager d'Allah ﷺ a dit : « Évitez les sept choses qui mènent à la perdition. » Ils dirent : « Ô Messager d'Allah ! Quelles sont-elles ? il répondit : « Donner un associé à Allah, (pratiquer ou approuver) la sorcellerie, tuer illégalement une vie qu'Allah a rendue sacrée, s'adonner à l'usure, s'accaparer injustement les biens de l'orphelin, déserter le champ de bataille et accuser injustement (de fornication) les croyantes vertueuses insouciantes. » Rapporté par Boukhâry.

35) Le Messager d'Allah ﷺ a dit : « Celui qui consulte un devin, un voyant ou un sorcier et ajoute foi en ce qu'il dit, aura assurément mécru au message de Muhammad. »

Rapporté par Tirmidhy et Abou Dâwoud et authentifié par Albâny.

Le repentir et l'infinie miséricorde d'Allah

36) Le Messager d'Allah ﷺ a dit : « Tous les fils d'Adam sont fautifs et les meilleurs des fautifs sont ceux qui se repentent. » Rapporté par Tirmidhy et considéré comme bon par Albâny.

37) Le Messager d'Allah ﷺ a dit : « Si vous commettiez des fautes de manière excessive, puis vous demandiez pardon à Allah, Allah vous pardonnerait. » Rapporté par Ibn Mâjah et authentifié par Albâny.

La prière

38) Le Messager d'Allah ﷺ a dit : « On a rendu la prière agréable à mes yeux. » Rapporté par Tabarâny et Nassâï et authentifié par Albâny.

39) Le Messager d'Allah ﷺ a dit : « Nul ne fait de bonnes actions aussi valeureuses que prier, réconcilier les gens et avoir un bon comportement. » Authentifié par Albâny dans *As-silssilah As-sahîhah*.

40) Le Messager d'Allah ﷺ a dit : « La prière est la première chose sur laquelle la personne sera jugée. Si elle s'avère bonne, la personne a réussi et sera bienheureuse, et si elle s'avère mauvaise, elle a échoué et sera malheureuse. » Rapporté par Tirmidhy et Nassâï et authentifié par Albâny.

L'aumône obligatoire et volontaire

41) Le Messager d'Allah ﷺ a dit : « Celui qui ne verse pas l'aumône obligatoire (*zakât*) est en enfer. » Rapporté par Tabarâny et authentifié par Albâny.

42) Le Messager d'Allah ﷺ a dit : « Donnez ne serait-ce qu'une datte en aumône, car elle soulage l'affamé et efface les fautes comme l'eau éteindrait le feu. » Rapporté par Ibn Moubârak et authentifié par Albâny.

43) Le Messager d'Allah ﷺ a dit : « Protégez-vous de l'enfer, ne serait-ce qu'avec la moitié d'une datte donnée par charité. » Rapporté par Nassâï et authentifié par Albâny.

Subvenir aux besoins de son épouse et de ses enfants

44) Le Messager d'Allah ﷺ a dit : « Commence par t'occuper de tes proches. » Rapporté par Aboû Dawoûd et Tirmidhy et authentifié par Albany. »

45) Le Messager d'Allah ﷺ a dit : « L'homme est récompensé en donnant à boire à sa femme. » Rapporté par Tabarâny et authentifié par Albâny.

46) Le Messager d'Allah ﷺ a dit : « Le meilleur argent est celui qui est dépensé par l'homme pour sa famille. » rapporté par Mouslim.

Le jeûne

47) Le Messager d'Allah ﷺ a dit : « Je te conseille le jeûne, car il n'y a rien en comparaison. » rapporté par Tabarâny et authentifié par Albâny.

48) Le Messager d'Allah ﷺ a dit : « Celui dont la vie prend fin durant une journée pendant laquelle il jeûne rentrera au paradis. » Rapporté par Bazzâr et authentifié par Albâny.

Le pèlerinage

49) Le Messager d'Allah ﷺ a dit : « Celui qui accomplit le pèlerinage à la maison sacrée sans avoir de rapport sexuel (et tout ce qui y mène) et sans tomber dans la perversité, le nombre de ses péchés sera identique au nombre de péchés qu'il avait le jour où sa mère l'a enfanté. » Rapporté par Boukhâry et Mouslim.

50) Le Messager d'Allah ﷺ a dit : « Le pèlerinage pur de tout péché n'a d'autre récompense que le Paradis ». Rapporté par Boukhâry et Mouslim.

Le mariage

51) Le Messager d'Allah ﷺ a dit : « Ô vous les jeunes ! Que celui qui est en mesure de se marier parmi vous le fasse ! C'est mieux pour le regard et plus chaste pour les parties génitales. Que celui qui ne peut se marier jeûne alors, car le jeûne lui sera un bouclier. ». Rapporté par Boukhâry et Mouslim.

52) Le Messager d'Allah ﷺ a dit : « Quatre choses contribuent au bonheur : une femme pieuse, un vaste logement, un voisin vertueux et une monture satisfaisante ; et quatre choses participent au malheur : un mauvais voisin,

une mauvaise femme, une mauvaise monture et un logement étroit. » Authentifié par Albâny dans *Sahîh Aljâmi'*.

53) Le Messager d'Allah ﷺ a dit : « On demande la main d'une femme pour quatre raisons : ses biens, sa noblesse, sa beauté et son degré de religion. Choisis celle qui est pieuse, tu seras gagnant ! » Rapporté par Boukhâry et Mouslim.

La relation avec les femmes

54) Le Messager d'Allah ﷺ a dit : « Le meilleur d'entre vous est celui qui est le meilleur avec les femmes. » Rapporté par Hâkim et authentifié par Albâny.

55) Le Messager d'Allah ﷺ a dit : « Veuillez du bien aux femmes. » Rapporté par Boukhâry et Mouslim.

56) Le Messager d'Allah ﷺ a dit : « Les femmes sont les consœurs des hommes. » Rapporté par Tirmidhy et authentifié par Albâny.

57) Le Messager d'Allah ﷺ a dit : « Celui qui a deux femmes et ne fait pas preuve de justice entre elles viendra le jour de la résurrection, son corps penché sur le côté. » Rapporté par Tirmidhy et authentifié par Albâny.

58) Le Messager d'Allah ﷺ a dit : « Le jour de la résurrection, parmi les personnes dont la situation sera des plus mauvaises auprès d'Allah, il y aura l'homme qui prend plaisir avec sa femme et la femme qui prend plaisir avec lui pour ensuite divulguer leur intimité (aux autres). » Rapporté par Mouslim.

59) Le Messager d'Allah ﷺ a dit : « Ne frappez pas les femmes. » Rapporté par Abou Dawoûd et Nassâï et authentifié par Albâny.

Le divorce

60) Le Messager d'Allah ﷺ a dit : « Le croyant ne doit pas détester sa femme, car si un comportement en elle lui déplaît, un autre lui plaira. » Rapporté par Mouslim.

61) Le Messager d'Allah ﷺ a dit : « Veuillez du bien aux femmes. Elles ont été créées d'une côte et la côte la plus tordue est celle de la partie supérieure. Si tu cherchais à la redresser, tu la briserais, mais si tu la laissais ainsi, elle resterait tordue, je vous enjoins donc d'être bons avec les femmes. » Rapporté par Boukhâry et Mouslim. On trouve dans une autre version rapportée par Hâkim : « Les femmes ont été créées d'une côte, si tu cherchais à la redresser, tu la briserais, conduis-toi bien avec elle et vous pourrez vivre ensemble. » On trouve dans une autre version « divorcer revient à la briser. » Rapporté par Mouslim.

62) Le Messager d'Allah ﷺ a dit : « Iblîs dépose son trône sur l'eau, puis envoie ses troupes. Celui qu'il aime le plus est celui dont les œuvres dévastatrices sont les plus importantes. Lorsque l'un d'eux vient à lui et lui dit : j'ai fait ceci et cela. Le diable lui rétorque : tu n'as absolument rien fait. Par contre lorsque vient l'un d'entre eux et lui dit : je n'ai quitté cet homme que lorsqu'il divorça de son épouse. Dès lors,

Iblîs le rapproche de lui et lui dit : très bien, tu es un brave homme ! Ensuite il le prend dans ses bras. » Rapporté par Mouslim.

Les bonnes manières de manger et de boire

63) Le Messager d'Allah ﷺ a dit : « La nourriture d'un seul suffit à deux, celle de deux suffit à quatre et celle de quatre suffit à huit personnes. » Rapporté par Mouslim.

64) Le Messager d'Allah ﷺ a dit : « L'humain n'a point rempli un contenant plus mauvais que son ventre. Des petites bouchées de nourriture suffisent à l'homme pour pouvoir survivre. Mais si vous êtes incapables d'agir ainsi, alors réservez un tiers pour la nourriture, un autre pour la boisson et le dernier tiers pour la respiration. Rapporté par Ibn Mâjah et authentifié par Albâny.

65) Le Messager d'Allah ﷺ a dit : « Les rassasiés dans cette vie sont les affamés dans l'au-delà. » Rapporté par Tabarâny et authentifié par Albâny

Le commandement

66) Le Messager d'Allah ﷺ a dit : « Celui à qui on a chargé de commander les affaires des musulmans puis abuse d'eux par la tromperie, est en enfer. Rapporté par Tabarâny et authenfié par Albâny.

67) Le Messager d'Allah ﷺ a dit : « Celui à qui on a donné la charge de commander les gens et qui ensuite ferme sa porte aux pauvres, aux opprimés et à ceux dans le besoin, Allah le Très-Haut lui fermera la porte de sa miséricorde quand il sera dans le besoin et la misère à l'instant (le jour de la résurrection) où il en aura le plus besoin. » Rapporté par Ahmad (Cf. *Michkât Almassâbîh*)

68) Le Messager d'Allah ﷺ a dit : « Maudit soit le corrupteur et le corrompu. » Rapporté par Aboû Dawoûd et Tirmidhy et authentifié par Albâny.

69) Le Messager d'Allah ﷺ a dit : « L'injustice se transformera en ténèbres le jour de la résurrection. » Rapporté par Boukhâry et Mouslim.

70) Le Messager d'Allah ﷺ a dit : « Dis la vérité quand bien même elle serait amère. » Rapporté par Ahmad et Ibn Hibbâne et authentifié par Albâny.

71) Le Messager d'Allah ﷺ a dit : « Assiste ton frère qu'il soit oppresseur ou opprimé ! » Un homme s'exclama : « Je comprends qu'on puisse assister l'opprimé, mais comment s'y prendre avec l'oppresseur ? » Le Prophète répondit ﷺ :

« Empêche son oppression et de cette façon tu l'assisteras. » Rapporté par Boukhâry et Mouslim.

Bien traiter les animaux

72) Le Messager d'Allah ﷺ a dit : « Une femme fut châtiée (en enfer) à cause d'une chatte, car elle l'enferma jusqu'à la mort en ne l'ayant point nourrie ni abreuvée et sans l'avoir autorisée à sortir pour qu'elle puisse manger les petites bêtes et autres insectes de la terre. » Rapporté par Boukhâry et Mouslim.

73) Le Messager d'Allah ﷺ a dit : « Il n'y a point un moineau ou un animal plus gros, que l'homme ne tue sans excuse, sans qu'Allah ne lui demande des comptes le jour de la résurrection au sujet de ce qu'il a tué. » Rapporté par Nassâï et authentifié par Albâny.

74) Le Prophète entra dans le jardin d'un homme où se trouvait un chameau. Ce dernier, après avoir aperçu le Prophète ﷺ, vint à lui. Soudain, il se mit à pleurer. Le Prophète ﷺ sécha ses larmes et le chameau cessa de pleurer. Ensuite, le Prophète appela le propriétaire de la bête et lui dit : « Ne crains-tu pas Allah au sujet de cette bête qu'Allah t'a attribuée ?! Cette bête s'est, en effet, plainte de toi, car tu l'affames et tu lui imposes un travail qu'elle ne peut supporter. » Rapporté par Aboû Dawoûd et authentifié par Albâny.

Le comportement pendant la guerre

75) Le Messager d'Allah ﷺ a dit : « Partez au nom d'Allah et en vue d'Allah et en suivant la religion du Messager d'Allah. Ne tuez point de faibles vieillards, ni d'enfants, ni de femmes, et ne vous appropriez pas le butin en le dissimulant mais rassemblez-le. Soyez conciliants et bienfaisants, car Allah aime les bienfaisants. » Rapporté par Aboû Dawoûd.

76) Le Prophète ﷺ en passant vit une femme qui fut tuée pendant une bataille. Il se tint debout près d'elle et dit : « Celle-là n'avait pas à être tuée. » Puis, il regarda dans les yeux de ses compagnons et dit à l'un d'eux : « Rejoins Khâlid Ibn Al-Walîd (le commandant de l'armée) et ordonne-lui fermement de ne pas tuer d'enfants, ni de travailleurs et ni de femmes. » Rapporté par Aboû Dawoûd et authentifié par Albâny.

77) Le Messager d'Allah ﷺ a dit : « Ne souhaitez pas rencontrer l'ennemi et demandez à Allah le salut, mais si vous le rencontrez, patientez ! » Rapporté par Aboû Dawoûd et authentifié par Albâny.

78) Le Prophète ﷺ a interdit la torture. Rapporté par Tabarâny d'après Ibn Omar ﷺ et Al-Moughîra ﷺ, et authentifié par Albâny.

Le bon comportement

79) Le Messager d'Allah ﷺ a dit : « J'ai été envoyé pour parachever les bons comportements. » Authentifié par Albâny dans *Assilsila assahîha*.

80) Le Messager d'Allah ﷺ a dit : « On ne fera pas miséricorde à celui qui n'est pas miséricordieux. » Rapporté par Aboû Dawoud et Tirmidhy et authentifié par Albâny.

81) Le Messager d'Allah ﷺ a dit : « Celui qui est facile à vivre, calme et doux, Allah lui interdit l'entrée en enfer. » Rapporté par Baihaqy et authentifié par Albâny.

82) Le Messager d'Allah ﷺ a dit : « Le bon comportement est la meilleure chose qui ait été donnée aux gens. » Rapporté par Nassâï et authentifié par Albâny.

83) Le Messager d'Allah ﷺ a dit : « Garantissez-moi six choses de votre part et je vous garantis le paradis : soyez véridiques lorsque vous parlez, ne manquez pas à vos promesses lorsque vous promettez, ne trahissez pas lorsqu'on vous fait confiance, préservez votre sexe de tout rapport interdit, baissez les regards et ne combattez pas (sans ordre préalable). » Rapporté par Ahmad et considéré comme bon par Albâny.

84) Le Messager d'Allah ﷺ a dit : « Délaisse ce sur quoi tu as des doutes (quant à son caractère licite ou illicite en Islam) pour ce sur quoi tu n'as pas de doute. » Rapporté par Nassâï et Tirmidhy et authentifié par Albâny.

85) Le Messager d'Allah ﷺ a dit : « Doucement Aïcha ! Fais preuve de douceur, évite toute violence, et ne tiens pas de propos déplacés. » Rapporté par Boukhâry et Mouslim.

86) Le Messager d'Allah ﷺ a dit : « La prudence provient d'Allah et la précipitation provient du diable. » Rapporté par Aboû Ya'lâ et considéré comme bon par Albâny.

87) Le Messager d'Allah ﷺ a dit : « Allah m'a commandé de vous enjoindre la modestie afin que personne ne se prétende supérieur aux autres ni ne les traite injustement. » Rapporté par Mouslim.

88) Le Messager d'Allah ﷺ a dit : « Celui qui ne remercie pas les gens ne remercie pas Allah. » Rapporté par Tirmidhy et authentifié par Albâny.

89) Le Messager d'Allah ﷺ a dit : « Allah est généreux et aime la générosité, comme il aime l'attitude noble et répugne les vils comportements. » Rapporté par Tabarâny et authentifié par Albâny.

90) Le Messager d'Allah ﷺ a dit : « Les croyants entre eux sont tels un édifice dont les éléments se consolident les uns les autres. » Rapporté par Boukhâry et Mouslim.

91) Le Messager d'Allah ﷺ a dit : « Le musulman est le frère du musulman ; il ne doit pas le tromper ni le trahir. Tout ce qui appartient au musulman est sacré pour le musulman : son honneur, ses biens et son sang. La crainte d'Allah se trouve ici (il dit ceci en indiquant son cœur). Le seul fait de mépriser son frère musulman suffit pour que la personne sombre dans le mal. » Rapporté par Mouslim.

92) Le Messager d'Allah ﷺ a dit : « Prenez garde aux suspicions non fondées, car ce sont les paroles qui induisent le plus en erreur. Ne vous espionnez pas, ne vous épiez pas, ne vous enviez pas, ne vous haïssez pas, ne vous dédaignez pas en vous fuyant, mais soyez plutôt, ô adorateurs d'Allah, tous frères. » Rapporté par Boukhâry.

93) Le Messager d'Allah ﷺ a dit : « La religion, c'est la sincérité » Rapporté par Boukhâry et Mouslim.

94) Le Messager d'Allah ﷺ a dit : « Il m'a été interdit d'exhiber ma nudité. » Rapporté par Tayâlissy et authentifié par Albâny.

95) Un homme demanda au prophète ﷺ : « Donne-moi un conseil. » Il lui répondit : « Ne te mets pas en colère. » L'homme revint à la charge plusieurs fois et le Prophète lui répétait : « Ne te mets pas en colère. » Rapporté par Boukhâry.

La médecine

96) Le Messager d'Allah ﷺ a dit : « Allah ne fit descendre aucune maladie sans lui assigner son remède. » Rapporté par Boukhâry.

97) Le Messager d'Allah ﷺ a dit : « Celui qui possède des chameaux malades ne doit pas les mener chez celui dont les chameaux sont en bonne santé. » Rapporté par Boukhâry.

98) Le Messager d'Allah ﷺ a dit : « Si on vous informe que la peste a touché une contrée, n'y pénétrez pas. Et si l'épidémie de peste apparaît dans la contrée où vous vous trouvez, ne la quittez pas. »[1] Rapporté par Boukhâry et Mouslim.

99) Le Messager d'Allah ﷺ a dit : « Le meilleur remède avec lequel vous vous soignez est certes la saignée. » Rapporté par Boukhâry et Mouslim.

Fin

---

[1] Ces deux hadiths sont la base de la mise en quarantaine et de la prévention sanitaire découverte des siècles après cela. Note de l'auteur.

Sommaire

Avant-propos 3
La foi 5
L'Islam 5
Le destin 6
La prophétie 7
La science 7
La pratique 8
La nature humaine 9
L'équité et l'égalité 9
Le respect des pactes et des accords 10
Les relations amicales et de voisinage 11
Les actes interdits 12
Le repentir et l'infinie miséricorde d'Allah 13
La prière 13
L'aumône obligatoire et volontaire 14
Subvenir aux besoins de son épouse et de ses enfants 15
Le jeûne 15
Le pèlerinage 16
Le mariage 16
La relation avec les femmes 17
Le divorce 18
Les bonnes manières de manger et de boire 19
Le commandement 20
Bien traiter les animaux 21

Le comportement pendant la guerre 22
Le bon comportement 23
La médecine 25
Sommaire 27

www.ingramcontent.com/pod-product-compliance
Lightning Source LLC
Chambersburg PA
CBHW070342120526
44590CB00017B/2986